El gran libro de las Ilusiones ópticas

Prólogo de Rubén Moreno Bote

GRUPO ZETA

Barcelona · Madrid · Bogotá · Buenos Aires · Caracas · México D.F. · Miami · Montevideo · Santiago de Chile

1.ª edición: noviembre 2015

© Edicions Somnins 2010, S.L., 2015

© Ediciones B, S. A., 2015

Consell de Cent, 425-427. 08009 Barcelona (España)
www.edicionesb.com

Dibujos: Laura Aviñó

Imágenes de *www.123rf.com*: pág. 25, Tharathep Lomchild; pág. 57, Surachai Kunprayot.

Imágenes de *www.dreamstime.com*: pág. 29, Nyul.

Imágenes de *www.fotolia.es*: pág. 23, Keytoken; pág. 27, Pico; pág. 33, Stéphane Lefebvre; pág. 35, Flixelpix; pág. 39, Danielle Bonardelle; pág. 43, スタジオサラ; pág. 45, Johnsroad7; pág. 47, Paul Fleet; pág. 51, Tony4urban; pág. 53, XYZproject; pág. 55, Setnara ; pág. 59, Vonuk.

Imágenes de *www.shutterstock.com*: pág. 17, Ye Liew; pág. 19, DiskoVisnja; pág. 31, Kevin Hsieh; pág. 41, SPbPhoto.

Library of Congress Prints and Photographs Division Washington, D.C. 20540 USA *http://hdl.loc.gov/loc.pnp/pp.print*: pág. 21, William Ely Hill.

Escaneado del original aparecido en la revista *Fliegende Blätter* el 23 de octubre de 1892 por la Universidad de Heidelberg: pág. 49, Joseph Jastrow.

Printed in Spain

ISBN: 978-84-666-5796-9

DL B 20862-2015

Impreso por Rolpress

Índice

Prólogo

Muchos nos hemos asombrado alguna vez al ver cómo un lápiz parece torcido cuando se mira a través del cristal de un vaso de agua. En este caso, como buenos ilusionistas, sabemos que el lápiz no está torcido, y que es la física del agua y del cristal lo que crea la ilusión.

Más difícil es percatarse de que la forma en que percibimos el mundo depende en gran medida de la física de nuestro cerebro, de sus limitaciones y de las aproximaciones que usa para interpretarlo.

Este libro, mediante una serie de ejemplos bien escogidos por su simplicidad y su impacto visual, nos adentra en los misterios del cerebro y nos hace ver mediante palpable realidad que lo que percibimos está tintado por las propiedades de esta gran maquinaria formada por unos cien mil millones de neuronas.

Los ejemplos juegan con ilusiones físicas, como la del lápiz en el agua, e ilusiones perceptuales, como el famoso cubo de Necker o las escaleras de Escher. Las primeras ilusiones nos hablan de las propiedades del mundo exterior; las segundas nos hablan de las propiedades de nuestro mundo interior, del cerebro.

Con un vaivén entre diferentes tipos de ilusiones perceptuales (visuales y de ambigüedad), el lector quedará atrapado entre la realidad y la irrealidad, entre lo que uno puede entender y lo que no. Los ejemplos que nos muestran las ilusiones son prácticos, complementados con juegos que se pueden experimentar con amigos, abuelos, padres e hijos; nadie quedará impasible.

Los lectores encontrarán reveladoras las ilusiones visuales para entender mejor cómo vemos, y las ilusiones de ambigüedad para admirar los misterios todavía ocultos del cerebro. Desde futuros artistas y diseñadores hasta neurocientíficos, en general curiosos de la percepción y del cerebro, todos encontrarán este libro inspirador.

Rubén Moreno Bote
Neurocientífico de Percepción Visual
Profesor Serra Húnter. Universidad Pompeu Fabra. Barcelona

Ilusiones ópticas

El vestido que cambia de color

Esta imagen viral dividió a la humanidad en dos opiniones opuestas sobre el color del vestido: azul y negro, o blanco y dorado.

Para explicarlo contamos con la teoría de la percepción del color, según la cual los colores no existen y todo depende de cómo el cerebro interpreta la luz reflejada en los objetos. Son muchas las variables que pueden alterar esta percepción: la edad, las enfermedades genéticas, el daltonismo, la composición del líquido interno del ojo, etc.

Podemos añadir que se trata de una ilusión perceptual, esto significa que el color que percibimos depende del contexto y de nuestros conocimientos previos de la realidad.

> *Autor:* imagen viral.

> *Año:* 2015.

> *Curiosidad:* la foto fue colgada en Tumblr pidiendo opinión sobre el color y en pocas horas recibió cientos de comentarios. Hay incluso quien la ve de un color u otro según el momento. ¡Pregunta a tus compañeros de qué color perciben el vestido! Seguro que traerá cola.

El cubo de Necker

La figura que vemos aquí es una figura reversible muy conocida, un ejemplo de percepción multiestable. La imagen de este cubo consigue un efecto ambiguo hasta que nuestro sistema perceptivo visual selecciona una de las dos interpretaciones posibles.

Esta ambigüedad se produce cuando le pedimos a nuestro cerebro que interprete una imagen tridimensional que en realidad es plana. La figura es percibible de dos maneras: cada una de las caras que conservan su forma cuadrangular puede verse en primer plano.

¿Cómo la ves tú? ¿Eres capaz de cambiar el punto de vista?

> *Autor:* Louis Albert Necker, cristalógrafo suizo.

> *Año:* 1832.

> *Curiosidad:* los psicólogos del siglo XIX usaban esta imagen para demostrar que el cerebro puede afectar a nuestra percepción de la realidad.

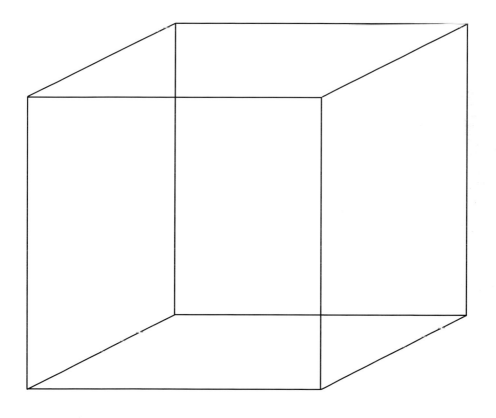

¿Sube o baja las escaleras?

Esta fotografía nos confunde: ¿desde qué ángulo está hecha? La falta de referencias externas nos impide deducir si el gato sube o baja.

Los partidarios de que baja basan su argumento en la posición de los peldaños, que parecen salir, lo cual indica que los miramos desde abajo. Y en la posición de la cola del gato, que la levanta para mantener el equilibrio mientras desciende.

En cambio, los partidarios de que sube basan su teoría en la iluminación y aseguran que el fondo de la imagen es el suelo. ¿La pata levantada del animal nos indica que sube, o quizá levanta la pata para bajar?

> *Autor:* imagen viral publicada en 9gag.

> *Año:* 2015.

> *Curiosidad:* la mayoría de los observadores apuesta por que el gato está bajando. La clave reside, dicen, en el borde de los peldaños.

La copa de Rubin

La imagen de esta copa puede interpretarse de dos maneras: como una copa blanca sobre fondo negro, y como dos rostros humanos en negro que se miran de frente. A este efecto se lo llama "percepción multiestable" o "multiestabilidad", que es la tendencia a "saltar" hacia delante o hacia atrás ante dos representaciones alternativas. Se trata de una figura ambigua donde se percibe el objeto por delante del fondo o bien el fondo por delante de la figura.

En general tendemos a percibir antes los objetos cuya silueta está bien perfilada y es de color claro, que los perfiles oscuros, que situamos al fondo.

> **Autor:** Edgar Rubin, psicólogo danés.

> **Año:** 1915.

> **Curiosidad:** existen empresas que ofrecen la creación de una copa silueteada con el perfil de la persona que les pidamos. Sin duda, un regalo muy original.

El ajedrez de Adelson

La ilusión óptica de esta imagen reside en el hecho de que el área de la casilla A parece más oscura que la de la casilla B, cuando en realidad son de la misma tonalidad de gris.

Hay dos factores que contribuyen a engañar a nuestro cerebro. Por un lado, la sombra que proyecta el cilindro rojo no nos deja determinar correctamente los diferentes tonos de gris. Y por el otro, el contraste con el tono de las casillas colindantes nos confunde: la casilla B está rodeada por casillas más oscuras y parece más clara.

Podríamos añadir también la idea de que nuestro sistema visual suele ignorar los cambios graduales en los niveles de iluminación.

> **Autor:** Edward H. Adelson, profesor de Ciencias de la Visión en el MIT (Massachusetts Institute of Technology).

> **Año:** 1995.

> **Curiosidad:** para demostrar que son de la misma tonalidad se suele trazar una línea gris de A a B. Una comprobación casera consiste en imprimir la imagen, recortar los cuadrados y ponerlos uno al lado del otro.

La joven y la anciana

Una ilusión óptica ambigua en la que es posible visualizar dos mujeres en una. ¿Eres capaz de verlas? ¿Qué ves? ¿Una viejecita o una mujer joven?

Las dos imágenes no pueden verse a la vez, lo que es una regla general para cualquier ilusión. O vemos una, o la otra. La percepción de cada imagen se mantiene hasta que tu mirada se fija en otra parte u otro contorno del dibujo. Por ejemplo, si identificas una línea como la nariz, automáticamente la línea inferior se convierte en la barbilla y las formas de arriba, en los ojos. Es lo que se espera de tu percepción de la realidad. La identificación de las partes arrastra la visión de la totalidad.

> **Autor:** William Ely Hill, dibujante inglés.

> **Año:** 1915.

> **Curiosidad:** inspirada en la imagen de una postal alemana de 1888, esta obra se publicó por primera vez en la revista de humor americana *Puck*.

La ilusión que nos atrapa

Las ilusiones que parece que estén en movimiento son muy llamativas. Mirando esta figura percibimos un desplazamiento hacia el centro.

¿Cómo se explica esto? La ilusión de movimiento se produce en la periferia del punto de la imagen en que concentramos nuestra atención; es decir, que los puntos donde fijamos la mirada no nos da la sensación que se mueven. Lo que aparentemente se mueve es la imagen de su alrededor, la que vemos "de reojo". Las explicaciones científicas sobre el porqué de este fenómeno se basan en complejos mecanismos neuronales (sugestiones, iluminación, contrastes...).

> **Curiosidad:** de este tipo de ilusiones nació en los años sesenta el op art (optical art), un estilo de arte visual que hace uso de ilusiones ópticas, a la vez que se inspira en corrientes artísticas como el cubismo, el futurismo o el dadaísmo. En las obras de op art el observador participa activamente desplazándose para captar el efecto óptico.

El misterio de la gran Luna

Cuando la Luna está sobre el horizonte suele percibirse más grande ¿Por qué?

Los científicos llevan siglos buscando una explicación convincente a este efecto. Una de las que van tomando más fuerza es la teoría del contraste del tamaño. La Luna en el horizonte parecerá más grande comparada con los árboles y edificios que están a su alrededor; en cambio, si la comparamos con la inmensidad del cielo se verá más pequeña.

Por otro lado, también existe una falsa estimación de la distancia. Un objeto más cercano produce una imagen mayor; en este caso, el cerebro (según su experiencia) interpreta que la Luna está más cerca y por eso la ve mayor.

> **Curiosidad:** si fotografías la Luna desde un punto fijo a intervalos diferentes a lo largo de su carrera celeste verás que su tamaño siempre es el mismo. La cámara no plasma la diferencia de tamaño.

Enrolla una hoja de papel dándole forma de telescopio y observa la Luna a través de ella, aislándola de su entorno. Verás que la impresión de la "gran Luna" desaparece.

Las líneas de Zöllner

Nos encontramos ante la ilusión de Zöllner, una ilusión geométrica basada en el efecto que producen unas líneas sobre otras.

La influencia de los segmentos oblicuos hace inclinar las rectas hacia la derecha o hacia la izquierda, y por eso somos incapaces de ver las rectas como paralelas. Es lo que se podría denominar un efecto figural, según el cual se altera la forma por el contexto. Nuestro cerebro se deja llevar por este contexto y nos engaña.

Para deshacer tal engaño solo necesitas una regla y un cartabón, y comprobarás que son, en efecto, rectas paralelas.

> **Autor:** Johann Karl Friedrich Zöllner, astrofísico alemán.

> **Año:** 1860.

> **Curiosidad:** Zöllner, además de estudiar en profundidad las ilusiones ópticas, también fue un astrónomo muy reconocido. El cráter Zöllner, en la Luna, fue bautizado así en su honor.

Revelemos un negativo

Te proponemos revelar una fotografía con el cerebro. A este efecto se lo llama "postimagen".

Mira fijamente los puntos de color de la fotografía durante 30 segundos. A continuación, desvía rápidamente la mirada hacia el techo o a cualquier superficie blanca, y parpadea. ¿Qué ocurre?

Cuando miramos fijamente una imagen, cada parte de esta se proyecta siempre en la misma zona de la retina. La imagen queda impresionada, pero en negativo. Así, si miramos un negativo, lo que hacemos después es mostrarla en positivo.

> Curiosidad: cuando miramos una luz amarilla durante un buen rato y luego apartamos la mirada, vemos un halo rojo. El rojo es el complementario del amarillo, y esto sucede con todos los complementarios.

Este tipo de imágenes se hizo muy popular a principios del siglo xx.

La espiral de Fraser

Con esta ilusión engañamos a nuestro ojo y le hacemos ver una imagen que realmente no es.

Son los rombos en los extremos de la circunferencia y el fondo trenzado los que provocan que veamos una figura en lugar de otra. En esta imagen no hay ninguna espiral, sino unas cuantas circunferencias concéntricas. Los rombos deforman las circunferencias y las convierten en una espiral. Distorsionan la perspectiva y engañan nuestra percepción de la realidad.

Nuestro cerebro es, por naturaleza, vago, y al ver tantos movimientos dirigidos hacia el centro da por supuesto que las líneas negras también van en esa dirección.

> *Autor:* James Fraser, psicólogo británico.

> *Año:* 1908.

> *Curiosidad:* si todavía no te lo crees, resigue las líneas negras con un rotulador de color y descubrirás tú mismo el engaño.

El triángulo imposible

Este es un objeto de los llamados imposibles. El físico Penrose lo hizo popular describiéndolo como la "imposibilidad en su forma más pura". El término puede referirse tanto al objeto en sí, que es imposible, como a su representación bidimensional.

Consta de tres tramos rectos de sección cuadrada que se encuentran unidos formando ángulos rectos en cada extremo del triángulo. Es una figura imposible porque los ángulos de un triángulo suman 180°, y porque un triángulo real no puede tener más que un ángulo recto.

Esta combinación de propiedades no puede ser satisfecha por ninguna figura tridimensional.

> **Autor:** Oscar Reutersvärd, artista sueco.

> **Año:** 1934 .

> **Curiosidad:** Penrose amplió este efecto con más polígonos (cuadrado, pentágono, hexágono y octágono). De todas formas, el efecto visual no resulta tan impactante porque la figura es muy compleja y, por ello, muy difícil de concebir.

El cuadrado de Kanizsa

Presentamos dos fenómenos en uno. En primer lugar, percibimos sin ningún tipo de complicación un cuadrado, donde no lo hay, y en segundo lugar, este cuadrado blanco inexistente parece ser más brillante cuando, de hecho, tiene el mismo brillo que el contorno.

Este es un ejemplo perfecto de figura ilusoria (en inglés, *illusory contours*), que evoca la percepción de un contorno sin existir ni cambios lumínicos ni cambios de color que nos perfilen dicho contorno. A menudo, estas figuras se complementan con efectos de brillo y profundidad. Podríamos añadir también que la forma ilusoria parece más cercana al observador que las figuras que la modelan.

> **Autor:** Gaetano Kanizsa, psicólogo italiano.

> **Año:** 1955.

> **Curiosidad:** quizás el ejemplo más famoso de figura ilusoria es precisamente el Pac-Man, comercializado como icono de videojuego en los años ochenta. Las formas ilusorias se utilizan mucho en el diseño de logotipos, pero aunque parezcan diseños muy actuales, ya encontramos este tipo de figuras ilusorias en obras de arte de la Edad Media.

Cambiemos de posición

¿Sabrías reconocer la figura que presentamos aquí? Aunque no lo parezca, es una figura de sobra conocida por todos.

El motivo de lo que sucede es que nuestro cerebro está acostumbrado a ver ciertas figuras en una determinada posición y le cuesta reconocerlas cuando la perspectiva cambia. Si la posición se altera, las neuronas se hacen, de entrada, un lío.

Si todavía no has descubierto a qué corresponde esta figura, inclina la cabeza hacia la izquierda y te parecerá evidente.

> **Curiosidad:** sucede lo mismo cuando miramos imágenes de caras boca abajo. Puedes hacer la prueba hojeando una revista o mirando fotos de amigos invertidas. Comprobarás lo mucho que cuesta reconocerlos en un primer momento.

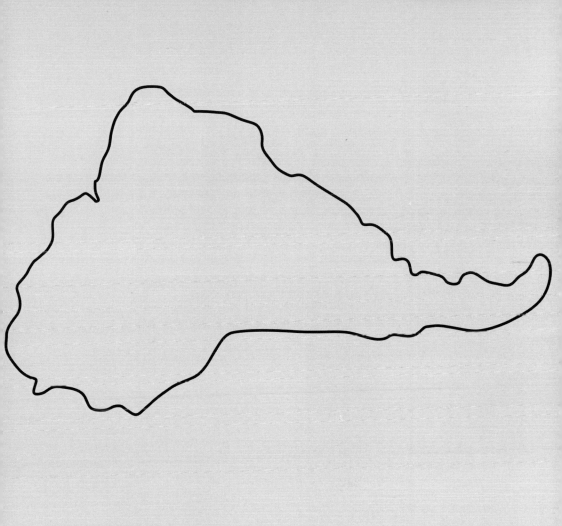

Contemos puntos negros

Te presentamos la cuadrícula de Hermann, una cuadrícula donde parece que aparecen y desaparecen puntos negros entre las líneas verticales y horizontales. Son manchas fantasma. Estos puntos negros desaparecen cuando miramos fijamente la intersección. Resulta imposible contarlos. Los perseguimos pero no se quedan quietos.

Esto se explica por el efecto de completado y porque la precisión de nuestra vista es peor en la periferia. Si fijamos cierto tiempo la vista en una imagen, el cansancio de la retina produce este fenómeno.

> **Autor:** Ludimar Hermann, fisiólogo y fonetista alemán.

> **Año:** 1870.

> **Curiosidad:** esta imagen nos ayuda a entender que la precisión de nuestra vista es peor en la periferia, y que el sistema visual intenta completar la imagen creando puntos negros ficticios, ¡que no existen!

El espejismo

Un espejismo es una ilusión óptica que consiste en ver reflejados en una superficie lisa objetos distantes como si estuvieran reflejados en una superficie líquida que en realidad no existe.

Los rayos luminosos sufren una variación en su trayectoria cuando atraviesan capas de aire de distintas densidades. La explicación física la encontramos en el efecto óptico que produce la refracción de la luz.

En esta imagen, pues, nos parece estar viendo un charco de agua en el suelo, cuando en realidad lo que vemos es el cielo reflejado en él.

> **Curiosidad:** existen también los llamados espejismos superiores en situaciones de frío extremo. El aire más cercano a la superficie se enfría más que el que se encuentra encima y puede reflejar la imagen que llega desde abajo, produciendo la ilusión de ver objetos reflejados en el aire.

La serpiente enroscada

Esta suerte de serpientes circulares parecen rodar de forma espontánea. A esta ilusión se la denomina "ilusión del movimiento aparente", y en ella son la retina y el cerebro los que hacen mover la imagen.

El cansancio de las células de la retina y la sucesión de zonas claras y oscuras provocan la sensación de movimiento, por cuya razón vemos (o creemos ver) que los círculos se mueven y giran en diferentes sentidos. Un ejemplo más de cómo el ojo engaña a nuestro cerebro.

> **Autor:** Akiyoshi Kitaoka, psicólogo japonés.

> **Año:** 2003.

> **Curiosidad:** Kitaoka ha creado muchas más ilusiones de este tipo, y actualmente es el artista de referencia de esta clase de creaciones.

¿Qué línea es más larga?

Esta ilusión, comúnmente llamada "ilusión de Ponzo", pone en evidencia el efecto que producen sobre otros elementos dos rectas que convergen. Dos segmentos paralelos con la misma longitud encima de las rectas convergentes parecen diferentes: el superior parece más largo porque está más cerca de ambas rectas. Vendría a constituir también un tipo de ilusión geométrica.

La ilusión, representada aquí como un esquema, aumenta sus efectos cuando dibujamos las dos rectas paralelas en una fotografía, por ejemplo, de una vía de tren, como en la imagen, o de una piscina rectangular.

> **Autor:** Mario Ponzo, psicólogo italiano.

> **Año:** 1912.

> **Curiosidad:** en vertical se consigue el mismo efecto: un par de líneas convergentes como las de un edificio en perspectiva, por ejemplo, engañan al ojo porque muestran las líneas paralelas de diferente tamaño, de manera que la línea del fondo parece mayor.

Arquitectura imposible

¿Qué es exactamente lo que estamos viendo? ¿Una mujer que camina por una viga? ¿Una mujer que cuelga su columpio de la misma viga? ¿Subimos por la escalera o nos mantenemos al mismo nivel, tal y como indica el pequeño jardín con su árbol?

En esta pintura, la perspectiva se construye desde arriba y desde abajo simultáneamente, lo cual la caracteriza como una figura imposible. Estas ilustraciones están creadas como ilusiones que consiguen manipular y despistar a nuestras percepciones construyendo perspectivas imposibles. Son trabajos que están repletos de señales contradictorias que crean efectos de ambigüedad.

> *Autor:* Paul Fleet, fotógrafo inglés.

> *Año:* 2015.

> *Curiosidad:* este tipo de imágenes que desafían la perspectiva están inspiradas en la antigua ilusión de los cubos reversibles, de la que se dice que tiene su origen en la época precristiana (¡ya desde entonces se conocía el mundo de las ilusiones ópticas!).

¿Qué animal soy?

Técnicamente, no estamos ante una ilusión óptica, sino ante una figura ambigua (o reversible); así pues, cuando observamos una figura ambigua no damos paso a deducciones inconscientes de la percepción, sino que entran en juego la expectación (es decir, lo que esperamos ver) y nuestro conocimiento del medio. Por ejemplo, si mostramos esta figura a niños en días cercanos a la Pascua, tenderán a ver un conejito.

Jastrow demostró que la percepción no es solo producto de los estímulos, sino también una actividad mental. Vino a decir que lo que vemos y percibimos depende en gran medida de nuestras emociones y de lo que nos rodea en ese momento.

> *Autor:* Joseph Jastrow, psicólogo estadounidense de origen polaco.

> *Año:* 1899.

> *Curiosidad:* la versión original del pato o conejo apareció por primera vez en una revista humorística alemana.

¿Paralelas que se cruzan?

En el momento en que nos fijamos en esta figura nos cuestionamos, por una parte, si las líneas horizontales son paralelas, y por otra, si son rectas o curvadas.

Este es otro claro ejemplo de ilusión geométrica que nos lleva a percibir la realidad de una forma errónea. El diseño vertical en forma de zigzag perturba nuestra percepción de las líneas horizontales y nos hace interpretar la imagen como lo que en realidad no es.

> **Curiosidad:** esta ilusión producirá un efecto diferente si giramos la imagen 90° y la vemos como líneas verticales. Compruébalo.

La cascada infinita

En un libro sobre ilusiones ópticas no podía faltar una obra del maestro Escher. En esta imagen, un acueducto en forma de zigzag hace precipitar el agua en una cascada que después recoge para volver a lanzar, completando un ciclo infinito e imposible. El agua además impulsa una rueda de molino, que constituye un móbil perpetuo.

Estas ilusiones fusionan arte y matemáticas. A parte de pintar, Escher se proponía solucionar mediante imágenes problemas de geometría, investigó el mundo de la simetría, transformó la materia real en imágenes irreales... y todo ello con obsesiva precisión matemática.

> **Autor:** Maurits Cornelis Escher, artista neerlandés.

> **Año:** 1960.

> **Curiosidad:** Escher es uno de los artistas preferidos de los matemáticos (muchas de sus obras han sido utilizadas para ilustrar manuales de matemáticas). Pero también fue un gran ídolo de los *hippies*, la generación *beatnik* y los adictos a la psicodelia.

Rectas curvadas

Dos rectas paralelas parecen curvarse cuando pasan cerca del centro.

El diseño radial del fondo produce una distorsión aparente que estimula la perspectiva y crea una falsa impresión de profundidad. Volvemos a estar delante de una ilusión de tipo geométrico por el efecto que ejercen unas líneas sobre otras cuando entran en conexión.

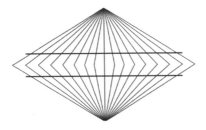

> *Autor:* Ewald Hering, fisiólogo alemán.

> *Año:* 1861.

> *Curiosidad:* Wilhelm Wundt diseñó en 1896 un fondo invertido y creó una ilusión que conseguía el efecto contrario.

Figuras escondidas

De nuevo una ilusión de percepción multiestable. Por un lado, percibimos las figuras en blanco como columnas, pero tras fijarnos detenidamente vamos a pedirle a nuestro cerebro que descubra qué hay más allá de las columnas. En cierto modo, estamos trayendo el fondo al frente para darle forma.

Son muchos los artistas que han aprovechado este efecto a fin de dotar a sus obras de un aspecto de profundidad, ambigüedad y contrastes.

> **Curiosidad:** este tipo de ilusiones ha sido frecuentemente utilizado por la psicología de la Gestalt, y se emplea a menudo para apoyar el lema según el cual "el total es mayor que la suma de sus partes".

El tamaño del círculo

¿Cuál de los dos círculos rojos es mayor? En realidad son iguales, y lo que hace que los veamos diferentes es el tamaño de los círculos que los rodean: nos parece grande cuando está rodeado de círculos pequeños, y pequeño cuando los demás círculos son más grandes.

Nuestro cerebro busca patrones y los asocia, y todo ello tiene que ver con la percepción relativa del tamaño de las cosas.

Esta imagen es a menudo utilizada en estudios de psicología cognitiva para explicar los diferentes sistemas de percepción de nuestro cerebro.

> *Autor:* Hermann Ebbinghaus, filósofo y psicólogo alemán.

> *Año:* finales del siglo XIX.

> *Curiosidad:* esta imagen fue popularizada en el mundo anglosajón por Titchener (aunque no es su creador) en 1901; por eso se la conoce también como "los círculos de Titchener".

Juegos con ilusiones

El taumátropo >

1. En una cartulina, recorta un círculo de unos 4 cm de diámetro.

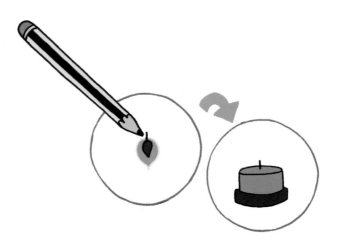

2. En cada cara, dibuja una imagen de forma que una esté hacia arriba y la otra hacia abajo. Las parejas de imágenes pueden ser un pájaro y una jaula, una vela y una llama, o lo que se te ocurra.

Te proponemos crear una ilusión óptica de movimiento mediante la construcción de un sencillo artilugio llamado taumátropo (del griego μ, "portento", y π, "giro"), que significa "maravilla giratoria".

3. Ata sendos trozos de hilo, enfrentados a la misma altura, en el borde del disco y hazlo girar de manera que cambie de cara rápidamente.

Nuestro cerebro es incapaz de distinguir diferentes imágenes cuando se suceden a una velocidad aproximada de veinte por segundo. Cuando las imágenes van tan rápido, el cerebro no tiene tiempo de borrar la anterior y se produce la ilusión de que ambas imágenes forman una. Esto se llama "persistencia de la visión", y en este caso, provoca que veamos la vela encendida.

1. Enrolla la hoja dándole la forma de un tubo.

2. Aplica el ojo al extremo del tubo y a través de él mira un objeto distante. Mantén el otro ojo abierto.

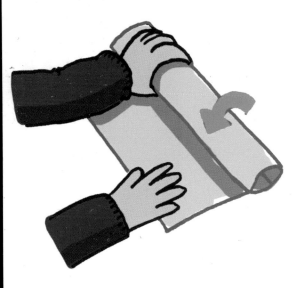

Te queremos mostrar cómo crear una ilusión óptica muy sencilla pero muy impactante con una simple hoja de papel.

3. Si miras a través del tubo con el ojo izquierdo, coloca la palma de la mano derecha delante del ojo derecho y pegada al tubo de papel. ¡Verás un agujero en tu mano!

Nuestros ojos están acostumbrados a ver un mismo objeto desde ángulos diferentes, y es el cerebro el que funde las imágenes en una sola.

En este caso se produce una situación rara: separamos los campos visuales de los dos ojos, de manera que el cerebro percibe imágenes distintas. Y todavía lo confundimos más, porque las dos imágenes están a una distancia distinta: el objeto está más lejos y la mano está más cerca. El efecto ilusorio se produce cuando fijamos la vista en el objeto lejano, porque los campos visuales de ambos ojos coinciden en la zona central y el cerebro mezcla las imágenes.

1. Coloca el dedo índice de cada mano delante de tus ojos a unos 20-30 cm de la nariz, uno enfrente del otro.

2. Junta los dedos lentamente hasta que estén a 1-2 cm de distancia.

Para hacer este experimento no necesitas ningún tipo de material, tan solo tus manos.

3. Ahora fija la vista en la pared por detrás de los dedos. Si miras fijamente al espacio vacío entre tus dedos verás aparecer un nuevo dedo entre ellos.

 Cuando fijamos la mirada en un dedo, las líneas de visión de los dos ojos se encuentran justamente en el objeto que observamos. Pero cuando enfocamos la vista más allá, las líneas de visión pasan casi en paralelo por delante del objeto, por lo que no están en una buena posición para observar el objeto más cercano. Y es aquí cuando las imágenes de ambos ojos no se fusionan y puede aparecer una imagen doble.

Entonces cada ojo ve la punta de "su dedo" por duplicado, y cuando estas puntas se combinan ofrecen la extraña forma de un trozo de dedo con dos uñas.

Anima tus dibujos >

> **Pasos a seguir:**

1. Necesitas un bloc de hojas pequeño (o utiliza las esquinas de uno más grande). Si el papel es fino, mejor. Incluso te puede servir un bloc de post-its.

2. Empieza a dibujar por la última hoja del bloc. Las hojas deben ser un poco transparentes o bien dejar entrever la figura dibujada que hay debajo. Te servirá de guía para dibujar la siguiente figura.

3. Dibuja cualquier cosa que quieras ver moverse: una pelota rebotando, un animal corriendo, una persona saltando... En cada hoja dibuja la misma figura pero en una ubicación levemente distinta de la anterior.

4. Pasa las páginas rápidamente valiéndote del pulgar y sosteniendo el bloc con la mano. Verás que los dibujos parecen animarse.

Una imagen permanece en la retina humana una décima de segundo antes de desaparecer, a esto se lo llama "persistencia retiniana". Cuando le mostramos un cúmulo de imágenes en una sucesión rápida, nuestro cerebro las "enlaza" como si se tratara de una sola imagen móvil, por eso vemos el dibujo en movimiento como una secuencia de imágenes ininterrumpidas.

El cine aprovecha este efecto y proyecta más de 10 imágenes (fotogramas) por segundo, generalmente 24, y así consigue en las películas el efecto de secuencias seguidas y movimiento.

Flecha... ¿hacia la derecha o hacia la izquierda?

> Pasos a seguir:

1. En un papel dibuja dos flechas hacia el mismo sentido.

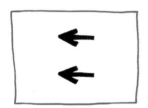

2. Llena un vaso de agua hasta la mitad y coloca el papel detrás del vaso de agua. ¿Qué ha sucedido?

El fenómeno óptico que explica el giro de la flecha se llama "refracción". Los rayos de luz se proyectan en línea recta, excepto cuando deben pasar por diferentes medios (en este caso, aire y agua). Así pues, cuando atraviesan un medio distinto se tuercen, se desvían y llega un momento en que se cruzan y hacen girar la imagen.

Generalmente, la luz viaja en línea recta, pero cuando lo hace a través del agua se comporta de manera diferente. Te planteamos tres experimentos.

La moneda invisible

> *Pasos a seguir:*

1. Pon una moneda en el fondo de un vaso de cristal transparente y llénalo de agua. Continúas viendo la moneda.

2. Ahora deposita la moneda en la mesa. Encima pon el vaso y llénalo de agua. ¿Adónde ha ido la moneda?

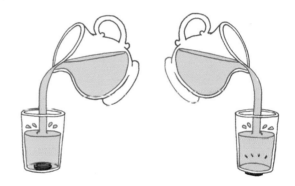

 Este experimento se explica igualmente por el fenómeno de la refracción. La luz se desvía al cambiar de medio (agua-cristal). Sus rayos no nos llegan a los ojos y la ilusión nos hace creer que la moneda ha desaparecido.

¿Se ha transformado la cuchara?

> Pasos a seguir:

1. Llena de agua un vaso de vidrio transparente.

2. A continuación, introduce una cuchara en el vaso. ¿Qué ves?

La parte de la cuchara que permanece sumergida parece haber aumentado de tamaño. Esto se debe a la refracción de la luz: en el nuevo medio los rayos se expanden, lo que provoca el efecto lupa.

Así, al cambiar de medio (aire-agua) el objeto que está dentro del vaso se ve más grande que el que está fuera (aire).